Christine Brendle

Mobbing

für Beginner

C. M. Brendle Verlag

Impressum:

C. M. Brendle Verlag

www.brendle-verlag.de

1. Auflage 2020

Umschlaggestaltung: C. M. Brendle Verlag

Printed in Germany

ISBN: 978-3-942796-32-3

9 783942 796323

Mobbing für Beginner

Kennen Sie jene, die einen Raum betreten und innerhalb kürzester Zeit alles auf sich ziehen, die Blicke, die ganze Aufmerksamkeit von Chefs und Kollegen. Sie können jede Arbeit und bewältigen jede Aufgabe. Sie sind aufgeräumt, ausgeschlafen, ihre Auffassungsgabe ist schnell, ihre Reaktionsfähigkeit ebenso. Probleme scheinen ihnen fremd zu sein, ebenso wie Überforderung und Depression.

Neben diesen Allroundern mit Kompetenz und viel Erfahrung hat niemand eine Chance.

Die Lösung ist ein wirkungsvolles Instrument.

Mit Mobbing lässt sich lästige Konkurrenz schnell und wirkungsvoll ins Abseits schubsen und längerfristig ganz entsorgen. So sichern sie ihre Position und betonen ihre Rolle als Leader.

Wer rechtzeitig und tatkräftig die Zügel in die Hand nimmt, gerät nie mehr in die zweite Reihe. Dem Beginner mag es kompliziert erscheinen, doch das ist es nicht, hat man erst einmal die Systematik des Mobbings durchschaut.

Beherrscht man diese, wird man nie mehr von energiegeladenen Newcomern überfahren. Sie werden diese rechtzeitig ausbremsen und auf den Platz verweisen, auf dem sie sich gefälligst einzuordnen haben. Damit machen sie eindrucksvoll klar, wer hier das Sagen hat. Sie werden sich nie mehr neuen Moden und Gebräuchen beugen. Sie werden sich nicht mehr vorführen lassen, was Kompetenz ist. Sie sind Kompetenz. Das gewährleistet eingespielte und komfortable Routine und einen entspannten Tagesablauf. Es schont die eigenen Ressourcen und es bedeutet größtmögliche Sicherheit.

Warum Mobbing funktioniert

Mobbing funktioniert, weil Menschen sind, wie sie sind. Sie wollen geliebt, geachtet, beachtet und respektiert werden. Sie wollen Anerkennung für das, was sie tun. Hierin unterscheiden sie sich in nichts von ihrer Konkurrenz. Nur eben, dass sie eine Stufe darüber sind. Das sollte ja wohl nicht zu viel verlangt sein. Wer zuerst kommt, mahlt zuerst.

Wer auf diese Position verzichtet, watet bald durch einen Sumpf voller Untiefen.

Sie können übrigens die Rolle des Mobbers aus jeder Position heraus ausüben.

Mobber sind Chefs, Abteilungsleiter oder auch Untergebene. Es funktioniert in Wirtschaftsunternehmen, Amtsstuben, in sozialen Einrichtungen, in Vereinen, in Schulen, ja selbst in der Familie kann es wirksam eingesetzt werden. Wer kennt nicht die Cousine die immer in allem vorauseilt? Onkel und Tanten mit außergewöhnlichen Begabungen und Eigenschaften? Wer kennt nicht die ständig hervorgehobenen Vorbilder, jene, die immer freundlicher, bescheidener, besser erzogen, voller Esprit oder zurückhaltender sind. Auf jeden Fall, für immer uneinholbar besser. Sie reisen durch die Welt, stürmen von einem Karrierehöhepunkt zum nächsten, haben den schöneren und erfolgreicheren Partner, das schickere Haus, das exklusivere Auto, die besser erzogenen Kinder. Oder, sie bleiben auf ewig das liebevolle und untadelige Kind, das den Eltern ausschließlich und ununterbro-

Am Anfang

chen höchstes Glück und größte Freude bereitet. Die halt, gegen die man nie, nie, nie anstinken kann. Wenn ihr wisst was ich meine.

Ja, ihr wisst es, und darum braucht ihr ab sofort Mobbing-Kompetenz.

Ein begnadeter Mobber erreicht, dass sich die Opfer bald klein und minderwertig fühlen, ohne zu wissen warum. Wohldosierte Respektlosigkeiten, das Überschreiten von Grenzen bewirken das. Es sind Überrumpelungstaktiken, die einen höflichen Menschen leicht aus dem Takt bringen. Regelmäßig verabreichte Injektionen der Missachtung verfehlen bei keinem ihre Wirkung. Ihr werdet schnell beobachten, wie die anfängliche Begeisterung welkt und die Motivation einem Gefühl der Entmutigung und Verzweiflung weicht.

Wird jemand regelmäßig verspottet oder wiederholt gerügt, so genügt gelegentlich ein kurzes diabolisches Lächeln, eine reflexhaft hochgezogene Augenbraue, der Blickkontakt mit einem Kollegen, begleitet von heftigem Augenrollen, eine zunehmende Verunsicherung herbeizuführen. Üben Sie das ruhig vor dem Spiegel. Es lohnt sich, sich auf eine solche Rolle sorgfältig vorzubereiten und sie gründlich einzuüben.

Bald wird das Verhalten Wirkung zeigen. Es wird dem Opfer zunehmend schwerfallen, sich angemessen auf seine Arbeit zu konzentrieren. Unsicherheit führt die Gedanken auf buckeliges Gelände. Das Grübeln, das bald einsetzen wird, lässt keinen vernünftigen Gedanken mehr zu. Fehler werden geschehen, die ihr bitte umgehend sorgfältig notiert, um sie bei Bedarf griffbereit zu haben.

Ein Genie, wer bereits zu diesem Zeitpunkt weitere Personen zum Einsatz bringen kann, Assistenten an der Strippe hat, die er nun nach seinem Taktstock tanzen lässt. Ein paar Gerüchte, lose eingestreut, die durch die Flure wabern wie schwerer Bodennebel, bereiten einen fruchtbaren Boden, auf dem nun alles wachsen kann. Wie bestens bekannt, übt nichts eine solche Faszination aus und belebt ähnlich die Fantasie wie etwas, das nicht ist, aber durchaus sein könnte.

Spätestens jetzt wird das Gefühl einsetzen, das die schwere Süße der Macht durch Ihre Adern pulsieren lässt. Spätestens jetzt entdecken Sie größte Freude an diesem Spiel. Ein Katz-und-Maus-Spiel hat begonnen.

Das perfekte Opfer zur richtigen Zeit

Die Wahl des richtigen Opfers zur richtigen Zeit ist ein entscheidendes Element, denn der Job des Mobbers ist aufwendig und erfordert kontinuierliche Konzentration und Aufmerksamkeit. Wer hat also das Zeug, eines Tages an einem vorbeizuziehen? Wer fällt immer wieder auf, brilliert mit herausragenden Kompetenzen, eventuell sogar an Stellen, an denen man Kompetenz als etwas eher Nebensächliches betrachtet hat? Die richtige Wahl ist deswegen so wichtig, weil sich nur so die Energien bündeln lassen.

Erwähnenswert ist in diesem Zusammenhang auch die Wahl des richtigen Zeitpunkts. Sind wir doch ehrlich, ein erfülltes Familienleben oder eine glückliche Beziehung sind während solcher Tätigkeiten eher kontraproduktiv. Verliebte sind generell keine guten Mobber. Mit einer rosaroten Brille ist es naturgegeben schwieriger, sich mit den negativen Seiten des Lebens zu befassen. So wenig wie jemand vergnügt singen, voller Esprit tanzen und gleichzeitig traurig sein kann. Man muss also unbedingt Prioritäten setzen. Eine Ehe oder eine Beziehung nebenbei ist möglich, doch sie sollte sich seit längerer Zeit in ruhigem Wasser bewegen. Andererseits könnte eine Beziehungskrise durchaus förderlich sein.

Leute mit Mängeln entsorgen sich dagegen früher oder später selbst. Das kann man sich sparen.

Kleine Pause

Immerhin hat Mobbing einen einzigen Zweck, den, einen Konkurrenten zu eliminieren, Wettbewerb zu beseitigen. Das zu erkennen, ist eine Frage des Instinkts. Hört also auf die Stimme eures gekränkten Ichs in eurem tiefsten Inneren. Hört, wie es euch zuflüstert: »Dieses Lob, diese Anerkennung, diese Aufmerksamkeit und Zuneigung gehören dir, dir allein.« Natürlich kennt ihr das. Natürlich wurdet ihr bereits vom Thron gestoßen, hattet um Aufmerksamkeit zu kämpfen. Egal, wie weit diese Erfahrung zurückliegt, sie hat sich tief eingegraben.

Natürlich kennen Sie den Moment, wo sich jemand anschickt, am Revier zu graben, Zäune einzureißen, an Mauern herumzupickeln. Das hier, ist euer Königreich. Jeder muss erkennen, dass ihr bereit seid, das mit allen Mitteln zu verteidigen. Wenn also jemand dann auch noch zu glitzern beginnt, dann ist es so weit. Alle Alarmsignale stehen auf Rot. Dann beginnt die Olympiade. Dann heißt es, um jeden Punkt zu kämpfen. Schnelligkeit zählt, Reaktionsstärke, kühle Analyse und ein zügiger Beginn.

Ist ein guter Ruf erst in die oberen Etagen vorgedrungen, beginnen sich bereits Kollegen dem Opfer bewundernd, ja gar freundschaftlich, zuzuwenden, dann wird es kompliziert. Dann wird es aufwendig und brutal. Da werden noch ganz andere Geschosse erforderlich: Granaten, Landminen, über das ganze Feld verteilt, über die der Gegner irgendwann zwangsläufig stolpert. Das schüchtert ein. Das traumatisiert, elektrisiert. Stress pulsiert bald ständig durch seine Adern, für logisches Denken bleibt kein Raum mehr.

Stoppschilder, die ihr an den unterschiedlichsten Stellen platziert, beschränken den Bewegungsraum. Aufgaben kann man abziehen. Eine Begründung ist nicht erforderlich. Soll sich die das Opfer doch selbst zusammenreimen. Das Wühlen in den Unterlagen des Kollegen in seiner Abwesenheit, aber doch immer so, dass er es merkt, oder in Anwesenheit, begleitet von kritischen Nachfragen, verdichten die Atmosphäre.

In die Enge getrieben, sucht das Opfer bald nach Fluchtwegen. Gleichzeitige Demontage und Demoralisierung des Eindringlings sind nun besonders wirkungsvoll. Liegen nur noch Einzelteile da, wird endgültig abgewrackt. Es ist Krieg und den kann nun einer gewinnen.

Das schwierige am Mobben

Das perfekte Mobbingopfer ist gleichzeitig das Hauptproblem. Ein Könner bringt naturgemäß wenig Konfliktpotenzial mit. Das stellt die besondere Herausforderung dar.

Hilfreich ist, wenn man bereits in einem frühen Stadium einen vertrauensvollen Kontakt zum potenziellen Opfer aufbaut. In diesem Zusammenhang erkennt man, worauf es emotional besonders anspricht. Mobbingopfer sind ja nicht nur kompetent, oft zeichnen sie sich auch dadurch aus, besonders verständnisvoll und hilfsbereit zu sein. Das eröffnet durchaus interessante Perspektiven.

Diese Schwächen lassen sich durchaus ganz gezielt mobilisieren und für eigene Zwecke nutzen. Punkten Sie mit einer schwierigen Kindheit. Es rührt das Herz, sich ein kleines verzweifeltes, vorzugsweise zutiefst ungerecht behandeltes Kind vorzustellen, ganz sicher jedoch eine mütterlich oder fürsorglich väterlich veranlagte Person. Eine schwierige Kindheit, vielleicht eine Mutter, die dem Alkohol verfallen ist, ein abwesender oder wahlweise prügelnder Vater oder der frühe Tod eines Elternteils, dazu wahlweise noch große Armut oder eine schreckliche Stiefmutter, prägen sich tief in das Herz einer Person mit Empathie ein. Das zieht jedem Opfer vorsorglich den Zahn, mit dem es gegebenenfalls zubeißen könnte.

Traurig

Ein weiteres wirksames Instrument sind auch sich gleichzeitig widersprechende Aussagen. Zum Beispiel die Aussage wie: »Du machst so viele Fehler und du willst immer perfekt sein.«

Das ist verwirrend?

Genau! Schon habt ihr eine Seite des systematischen Mobbings durchschaut.

Ein sehr geringes Fehlerpotenzial lässt sich leicht erhöhen, indem man Arbeitsanweisungen unklar formuliert. Das hat den Vorteil, dass es jemand gar nie richtig machen kann. So sehr sich jemand auch bemüht, es wird immer falsch sein. Das erhöht die Unsicherheit. Zusätzlich kann man Informationen zurückhalten und so einen Wissensvorsprung generieren. Und gebt, um Gottes willen, alles nur mündlich weiter. Schriftlich macht alles nur kompliziert. Schriftlich etwas ungenau formulieren, kann ein schlauer Gegner schnell entlarven. Mündlich kann man etwas falsch verstehen, etwas vergessen oder anders in Erinnerung behalten. Zettel auf dem Schreibtisch lassen sich entfernen. Mit Mails ist das schon schwieriger, sie lassen sich in der Regel nachverfolgen.

Mündlich lässt sich so gut wie alles behaupten, im Zweifel muss es nicht mal wahr sein. Eine angeblich unschöne Äußerung über einen Kollegen, einen Vorgesetzten. Das Eingestehen einer Schwäche, die Mitteilung eines Problems, die Information über eine akute Krise, welche sich jederzeit als unwahre Behauptung darstellen lässt, lassen sich ebenfalls wirkungsvoll einsetzen.

Nutzt immer wieder die größte Schwäche eures Opfers. Sie wollen vertrauen, sie wollen gut sein, im üblichen Sinne, verantwortungsvoll, verständnisvoll, gewissenhaft, fleißig, großzügig, nachsichtig, fair. Diese Schwächen lassen sich wunderbar in powervolle Instrumente umwandeln.

Und vergessen Sie nicht, zeigen Sie ruhig in regelmäßigen Abständen Ihre Macht, besonders wirkungsvoll gepaart mit einer brutalen Aktion. Brutalität in einem ansonsten friedlichen Umfeld wirkt immer besonders intensiv und umwerfend überzeugend. Sie machen das Opfer für Stunden sprach- und atemlos. Schlaflose Nächte zeigen zusätzlich ihre Wirkung.

Mobbing ist ein Zustand

Mobbing ist eine Show, ein Konzert, eine Inszenierung, mal rockig, mal jazzig, auf jeden Fall schräg. Ein Ungleichgewicht, eine schiefe Bahn, auf der es zunehmend schwieriger wird, das Gleichgewicht zu halten.

Das Ungleichgewicht wird auch durch die ungleiche Zahl der beteiligten Personen erzeugt. Deswegen sind für dieses Vorhaben auch mindestens drei Personen erforderlich. Das ist das absolute Minimum. Alles darunter ist kein Mobbing. Alles darunter ist popeliger Streit, möge er auch noch so heftig sein und scheinbar wie aus dem Nichts aufbrechen. Es ist die Uneinigkeit zweier Personen, die in der Regel völlig ungeplant aufeinanderknallen.

Wenn der Chef nicht führt und der Anführer nicht der Chef ist und die Zuschauer verblüfft den Pfeilen folgen, die durch die Räume fliegen, dann entsteht das echte Mobbing-Klima.

Mobbing geschieht gezielt, geplant und wird sorgfältig in Szene gesetzt. Es ist Kunst und der perfekte Mobber ist ein begnadeter Regisseur. Die Zuschauer werden durchaus gut unterhalten. Das Stück ist dramatisch und spannend und faszinierend. Für den Gemobbten natürlich weniger. Oft ist ihm lange nicht mal klar, was hier überhaupt gespielt wird. Was er dagegen möglichst schnell merken soll: »Ich bin allein, auf meiner Seite des Spielfelds«. Eine möglichst große Anzahl Gegner unterstreicht das besonders wirkungsvoll.

Das Selfie

Die Mitspieler sind bestens instruiert und auf ihre Rolle gut vorbereitet. Da gab es Flüstern und Getuschel und Geschichten. Wie es immer ist: Wo zwei sich streiten, freut sich der Dritte. Der Chef bleibt meistens möglichst diskret im Hintergrund.

Bleibt der Chef unsichtbar, dann weiß man auch nicht, wer die Strippen zieht. So lange man den Urheber nicht kennt, ist es schwierig, damit umzugehen. Wer seinen Feind nicht kennt, kann ihm nicht entgegentreten. Genau aus diesem Grund ziehen die Mitarbeiter alle Aufmerksamkeit auf sich.

Das Netz eines begnadeten Profis besteht natürlich aus einem bestens eingespielten, möglichst großen Team. Wer diese Technik erst einmal beherrscht, mobbt üblicherweise nicht nur einmal. War man erst einmal erfolgreich damit, gibt es keinen Anlass, diese Kompetenzen nicht wiederholt einzusetzen. Es folgen ja auch immer wieder neue Gegner nach.

Der Chef im Hintergrund kann, muss aber natürlich nicht der tatsächliche Chef bzw. der Unternehmer sein. Manchmal wird er Mitspieler oder schweigender Beobachter. Unterbricht er es, dann muss man es lassen. Klar ist, ohne ihn geht es nicht, und sei es auch nur, dass er es wenigstens duldet.

Der Chef – in diesem Fall ist der Mobber gemeint – ja, es ist kompliziert – was dem Vorgang durchaus dient und zum Stück gehört, bleibt verdeckt. Je komplizierter und verworrener es wird, desto schwerer ist es aufzudröseln und zu durchschauen. Das Opfer sieht sich bald einem verworrenen Knäuel von Gegnern gegenüber. Klar ist, dass nichts klar ist. Von wem geht es eigentlich aus, wer ist Urheber und warum? Das genau ist die Kunst. Nichts verunsichert Menschen mehr als Verwirrung und Unklarheit. Steht das Opfer einer geschlossenen Mauer gegenüber, kann es nur den einzigen Schluss ziehen: »Ich muss der Urheber für alles sein.«

Gut, wenn der Urheber wirkt, als hätte gerade er nichts damit zu tun. Klugerweise wird er Ereignisse banalisieren, als zufällig und unbedeutend abtun, als Fantasiegespinst des Opfers. Inzwischen weiß der Täter längst, wie labil oder belastbar das Opfer ist. Worauf es reagiert und anspricht. Und wann spätestens liegen seine Nerven blank? Gewiss ist, er weiß alles und nichts ist Zufall

Während der Initiator sich scheinbar völlig zurückzieht und nun nur noch im Verborgenen die Fäden in den Händen hält, dirigiert er alles mit sicherer Hand.

Wie rekrutiert man sein Team?

Wie unverzichtbar ein zuverlässig und effizient wirkendes Team ist, habe ich schon mehrfach erwähnt. Es empfiehlt sich also, rechtzeitig die Netze auszuwerfen, um herauszufinden, wer sich darin verfängt. Sie helfen dabei, ein Waffenarsenal aufzubauen und dieses gezielt einzusetzen. Kam das Opfer einmal zu spät, war es krank, sicher ohne wirklich krank zu sein? Wer glaubt denn, dass ein Fuß plötzlich zu schmerzen beginnen kann. Dass jemand, der gestern ganz offensichtlich noch gelebt und seine Arbeit verrichtet hat, wenige Stunden später halb tot sein soll? Hat er oder sie eine Zahl ein Wort oder gar einen Satz falsch geschrieben? Verbraucht er zu viel Arbeitsmaterial? Sind seine Arbeitsunterlagen klar und übersichtlich – für alle – aufgebaut?

Viele Augen und Ohren sehen mehr. Und viele kritische Stimmen verstärken den Druck. Kontrolle verfehlt ohnehin nie ihre Wirkung, dazu fantasievolle Gerüchte – per Multiplikatoren flächendeckend ausgestreut – machen Eindruck und sind meistens sehr nachhaltig.

Helfer zu finden, ist dagegen einfacher, als es auf den ersten Blick erscheinen mag. Der erfahrene Mobber bringt schon aus der eigenen Geschichte reichlich Erfahrung mit, wie sich Menschen instrumentalisieren lassen. Er weiß, wo ihre Stärken liegen und wer für welchen Job besonders geeignet ist.

Da sind die Dienstbeflissenen, die gern dem Chef – oder demjenigen, den sie dafür halten – zur Hand gehen. Ein Mächtiger im System suggeriert Einfluss, was an sich schon attraktiv ist. Und natürlich hoffen sie durch willige Gefolgschaft, dass etwas von der Macht und dem Glanz auch auf sie herniederregnet.

Gut geeignet sind auch diejenigen, die neu sind, die man noch besonders leicht in eine gewünschte Richtung lenken kann. Früh abgefangen, schmeichelnd umgarnt, reihen sie sich üblicherweise ziemlich willig und reibungslos in das Gefüge ein.

Und dann sind da noch die Unscheinbaren, die noch nie und nirgends eine besondere Rolle gespielt haben. Sie wittern ihre Chance, sehen die Möglichkeit, endlich einmal relevant zu sein. Manchmal bewirken solche Jobs geradezu Wunder. Sie beflügeln Menschen, die sonst kaum ein Wort herausbringen. Sie blühen auf, wachsen über sich hinaus. Überwinden Scham- und Anstandsbremsen. Sie pflaumen ein Gegenüber an, an dem sie früher nur scheu vorbeigehuscht wären. Gib jemandem Macht, der noch nie welche hatte, und lass dich überraschen.

Die besondere Wirkung liegt dabei im Kontrast zwischen scheu und frech, zaghaft und rüde. Respektlosigkeit ist ein wirkungsvolles Instrument. Die Opfer erstarren ob der unerwarteten Ungeheuerlichkeit, die ihnen wie eine Ohrfeige entgegenprallt. Die Verblüffung ist zu groß. Doch wer jemanden ausknocken will, muss Grenzen überschreiten. Dabei ist es durchaus vorteilhaft, anderen diese delikaten Aufgaben zu übertragen. Wer nicht wagt, kann nicht gewinnen. Es ist ein großer Augenblick für Mauerblümchen. Manchmal sinken sie nach Erledigung des Jobs schnell wieder völlig welk in sich zusammen. Aber immerhin, sie hatten ihren großen Augenblick. Und wer weiß, vielleicht ist soeben ein neuer Mobber geboren.

Und dann sind noch die, die sich heraushalten, obwohl sie keineswegs unbeteiligt sind. Angespannt verfolgen sie alles mit großem Interesse. Die elektrisch aufgeladene Luft, die knisternde Spannung, sie lässt keinen kalt. Sie sind nicht dafür, doch auch nicht dagegen. Ihr Schweigen ist eine Form der Zustimmung, gleichzeitig halten sie sich alle Optionen frei. Noch haben sie die Chance, sich auf jede beliebige Seite zu schlagen.

Getuschel auf dem Flur

Die Instrumente des Mobbings

Besondere Essentials

Wer bis hierher gefolgt ist, weiß, wie perfekt eine Mobbing-Inszenierung aufgebaut wird, kennt den psychologischen Hintergrund und weiß, was wie wirkt. Hier nun noch die Feinheiten, kunstvolle Nadelstiche, die dem Gewebe eine ganz persönliche Note verleihen.

Kennen Sie das Gefühl, wenn Menschen tuscheln und verstummen, sobald Sie in Ihre Nähe kommen? Jeder weiß da augenblicklich, was er nicht hören konnte, wurde bewusst vor ihm verborgen. Vermutlich war er sogar das Hauptthema jenes Gesprächs. Das verfehlt nie seine Wirkung. Es wirkt in zwei Richtungen, es zeigt, hier teilen zwei ein Geheimnis, aus dem man selbst ausgeschlossen ist. Hier sind Kollegen eng und vertraut und freundschaftlich verbündet. Das Thema ist dabei völlig unwichtig. Sie könnten über ihre neue Kaffeemaschine sprechen, ein neues Kochrezept oder eine Diät. Wichtig ist das Tuscheln, das vergnügte Kichern und die auffällig abrupte Unterbrechung, sobald der Gemobbte in die Nähe kommt. Eine weitere Steigerung wäre wirkungsvolles Augenrollen, das erstaunte Hochziehen der Augenbrauen, während das Opfer vorbeigeht. Es wird sich selbstverständlich fragen, ist mein Rock zu lang, zu kurz, zu luftig, die Hose zu eng oder zu weit, der Lippenstift zu rot?

Wie Bodennebel verbreiten sich Tuschelteppiche aus, über Flure und Etagen. Bald wird das Opfer überall Stimmen hören und weiß, es dreht sich ausschließlich, immer, alles um ihn, und alles ist selbstverständlich ausschließlich negativ.

Dazwischen kann man schweigen, dass man jeden Windhauch spürt, jedes Papierknistern zu lautem Knattern wird, das Klappern der Tastatur wie heftige Hammerschläge klingt.

Ist inzwischen der Kopf des Opfers immer öfter gesenkt, wurden seine Schritte langsamer und schwerfälliger, dokumentieren Augenringe schlaflose Nächte?

Die Schritte des Mobbers werden fester, treten energischer auf, Triumph beschwingt seinen Herzschlag und Lebensrhythmus

Wie bei einem Orchester ist jeder Teilnehmer ein Instrument. Erst im Zusammenspiel entsteht die entsprechende Musik. Der perfekte Rhythmus zwischen laut und leise, hoch und tief sowie zarten Tönen, unterbrochen durch Paukenschläge und Trommelwirbel, Zuwendung und Abwendung, Beachtung und Missachtung, Rüge und freundliches Lächeln, das wieder hoffen lässt.

Zusätzlich kann Arbeit abgezogen und zugewiesen werden, was bei entsprechendem Ausmaß eine ähnliche Wirkung entfalten kann. Man kann sie auch hin- und herschieben, dass Zuständigkeiten und Verantwortung in immer kürzerem Abstand wechseln und sich mehr und mehr verwischen.

Gespräche können kurzfristig anberaumt, aber auch verzögert werden. Informationen können Betroffene überfluten oder ihnen gezielt vorenthalten werden. Je exotischer die Würze, desto schärfer das Gericht.

Oberstes Ziel und Punktlandung ist natürlich die Kündigung, vorzugsweise durch das Opfer selbst.

Der Streit

Der Unterschied zwischen Mobbing und Streit

Es mag gleich aussehen und ist doch etwas anderes. Im einen Fall stehen sich zwei Kampfhähne oder Hennen gegenüber, die sich je nach Temperament anbrüllen, anzischen oder den dritten Finger zeigen, wobei jeder meint, im Recht zu sein. Es geschieht verborgen auf dem Klo oder lautstark vor Publikum. Da wird Position bezogen für die eine oder andere Seite, wird angespornt oder geschlichtet. Einer wird nachgeben, oder die Kontrahenten schweigen für einige Tage, bis man sich wieder versöhnt und es ist, als wäre nichts geschehen. Die Gewitterwolken ziehen ab und frischer Wind zieht durch die Räume und Gemüter.

Mobbing ist anders. Beim Mobbing geht es um Macht, um oben oder unten, darum, wer das Sagen hat, und darum, wer geht und wer bleibt. Es geht um eigene Interessen und eine ganz andere Symmetrie. Es geht nicht um zwei sich gegenüberstehende Personen, sondern um mindestens ein Dreieck. Also ein wesentlich komplizierteres Gefüge und somit auch eine völlig andere Ausgangslage.

Im einen Fall handelt es sich meistens um einen Neuling, eine meist sympathische, freundliche und offensichtlich etwas ahnungslose Person, die hier ist, um Geld zu verdienen, das ziemlich gut macht und anstrebt, es in freundlicher Weise, kollegial und entspannt zu tun.

Und da ist er, ein Platzhirsch mit Verlustängsten, was mit einer nicht ganz durchschaubaren Erfahrung aus der Vergangenheit zu tun hat. Jemand, der gelernt hat, aufzupassen und sein Revier zu verteidigen.

Da prallen zwei Interessen aufeinander und unterschiedliche Geschichten, die anders erlebt und bewältigt wurden. Da ist der eher konservative, der am Herkömmlichen festhält, und da ist der, der immer erwartungsvoll auf Neues vorbereitet ist. Von außen betrachtet, ein Spießer und ein Luftikus. Da der Spießer die Erfahrung gemacht hat, dass alles vergehen kann und Luftikusse viel frischen Wind mitbringen, wird das natürlich schon prophylaktisch bekämpft.

Der eine baut Mauern, die der andere umgehend wieder sprengen will.

Natürlich weiß der Mobber um die Attraktivität eines Himmelsstürmers und setzt deswegen folgerichtig Armeen ein zum Kampf gegen feindliche Elemente.

Vorsicht Profi

Zuletzt will ich nicht verschweigen, es gibt auch die – ich nenne sie mal – die ganz coolen Hunde.

Wenn der Gemobbte aufblüht, anstatt zu erlahmen, dann ist das einer der Unberührbaren. Sie bekommen vorgeblich nichts mit von dem, was um sie herum geschieht, was der Mobber alles ihretwegen inszeniert. Sie bleiben fröhlich und entspannt und sind dabei ausgewählt freundlich. Sie schlafen anscheinend hervorragend, sind offensichtlich sehr gesund und immer bestens gelaunt.

Lasst euch nicht täuschen. Sie wissen alles. Dann sind sie an eines der seltenen Exemplare geraten, einen Profi der Gegenseite.

Sie haben ein feines Gespür für atmosphärische Veränderungen. Sie nehmen alles wahr. Sie erkennen es an eurem Schritt, an der Art, wie ihr atmet, an eurem Blick, an dem, was ihr tut. Sie erkennen es an der Lautstärke eurer Stimme, an der Art, wie eure Frisur sitzt, an der neuen Haarfarbe. Sie kennen euch besser als ihr euch selbst. Und sie wissen, dass ihr nicht wisst, dass sie wissen, was ihr tut. Und sie wissen, dass alles, was geschieht, kein Zufall ist. Sie kennen den Aufbau der Inszenierung und könnten euch lächelnd erzählen, was eure nächsten Schritte sein werden.

Der Profi erkennt auf 500 Meter, wer der Puppenspieler im Hintergrund ist. Er kennt seine Motive und sei-

Die Debatte

ne Schwächen und legt sich nie mit den Helfern an. Er ist ein Profi, der sich nur mit Profis misst.

Dieser Kämpfer wird nie klagen.

Er wird gezielt zum perfekten Zeitpunkt den perfekten Ansprechpartner herauspicken und dann bei jenem ohne jedes Gedankenprotokoll Fakten und Taten auflisten, die man selbst längst vergessen hat. Er kann problemlos für alles Belege vorlegen, die ein »falsch verstanden, falsch gehört und falsch gedeutet« eindeutig wiederlegen.

Er weiß, warum Mobber nichts schriftlich wollen, er weiß trotzdem, warum er es geschrieben hat und das Lesen schließlich nicht sein Job ist. Fehlende Information aufgrund dieser Sachlage ist nicht sein Problem.

Der Profi unter den Gemobbten dramatisiert nichts. Er betrachtet den Mobber wie eine der anderen üblichen Zeiterscheinungen. Eine Schlechtwetterfront, ein Sturm, ein Fakt wie die Tatsache, dass Menschen lügen, stehlen und betrügen. Sie wissen, wo die Schwäche desjenigen liegt, und betrachten das Mobben als ein Kompliment für sich selbst. Denn, gemobbt werden nur die Guten, die Besonderen, die Unikate. Es ist wie ein Winter ohne Schnee, ein Sommer mit viel Regen und eher niedrigen Temperaturen. Es geht vorbei. Der Profi stolpert nur einmal, danach schwebt er über jede Falle elegant hinweg.

Mobbingangriffe sind für sie Olympiaden. Sie sind darauf bestens vorbereitet. Sie haben trainiert, sie leben gesund, sie schlafen ausreichend, sie gehen an die frische Luft und essen gut. Sie blühen auf, werden jünger und schöner. Sie wachsen an den Herausforderungen.

Je größer die Verzweiflung ihres Gegners, je lauter die Stimme, je aggressiver und unbesonnener die Aktionen, desto näher fühlen sie sich ihrem Ziel. Für sie ist es ein Spiel, ein Wettbewerb.

Das sind diejenigen, die es verstehen, aus Stroh Gold zu spinnen.

Sie generieren Gewinne, wo andere zusammenbrechen. Sie wissen, dass sie gut sind und immer besser werden. Was immer ihr tut, diese Person wird daran wachsen.

Sind Sie an eine solche Person geraten, vergessen Sie alles. Ihre Glaubenssätze gelten nicht mehr. Treten Sie umgehend den geordneten Rückzug an. Retten Sie Ihr Gesicht und Ihre Haut. Ihr Haus schwankt, die Brücken, die Sie gebaut haben, sind vom Einsturz bedroht. Ihre Unterstützer werden sich abwenden und die Fronten wechseln.

So wie die Profimobber sich in ihrer Beschaffenheit ähneln, so ist das auch bei den Opfern.

Ein frühes Erkennungszeichen, dass sie an einen Profi geraten sind, ist Gelassenheit, wo Verärgerung oder mindestens Erstaunen stattfinden müsste. Sie bleiben auch während der Angriffe selbstbewusst und frei. Sie sehen sich nicht nach Helfern um, sie wissen sich selbst zu helfen.

Hier verhindert nur ein rechtzeitiger Rückzug die Katastrophe.

Das Gute, Profis dieser Kategorie, sind nicht nachtragend. Sie sind auch in dieser Hinsicht souverän. Sie sind großzügig und pflegen nie den Zustand des Beleidigtseins. Sie üben keine Rache aus. Sie sind keine Petzer. Sie sind sich ihrer selbst bewusst. Sie wissen, wer sie sind und warum.

Sie brechen nie in Triumphgeheul aus, doch wer sich dadurch ermutigt fühlt, an eine Neuauflage des Spiels wagt, der renne so schnell er kann.

Und dann wäre da noch die Sache mit der Moral

Ja, die Sache mit der Moral. Wer kennt nicht den Spruch: »Was du nicht willst, das man dir tu, das füg auch keinem andern zu.« Wer hat ihn nicht gehört, bereits als Kind. Aber jeder kennt auch die Aussage: »Der Starke siegt.«

Auch die Evolution hat immer die Stärksten überleben lassen. Wobei, ganz stimmt das nicht, sie hat die Klügsten überleben lassen, diejenigen, die sich am besten neuen Umständen angepasst haben. Da ist der Haken.

Mobben ist eine bewusste Entscheidung.

Wer mobbt, handelt konsequent, aber niemals moralisch, und weiß das auch. Mobbing passiert nicht, es ist eine bewusste Handlung. Man hat eine Position erkämpft, hat sie vielleicht schon mehrfach verteidigt und will sie behalten, möglichst für immer.

Man handelt also gegen die Moral und vielleicht irgendwie auch gegen die Evolution, da aber das einzelne Individuum nur ein Staubkorn in der Geschichte ist und somit kaum in der Lage, nachhaltige Spuren im evolutionären Wettlauf zu hinterlassen. Diese kann man also getrost außer Acht lassen.

Der neue Blick

Schluss

Beim Mobbing besteht heute absolute Gleichberechtigung. Lasst euch nicht einreden, in dieser Disziplin wäre eines der Geschlechter besser oder weniger gut. Jeder kann das. Mann, Frau, Alt, Jung. Entscheidend ist allein die Erfahrung, die jemand mitbringt. Da heißt es, kontinuierlich lernen, zugucken, beobachten, überall Vorbilder finden. Das ist das Gute.

Die andere Seite ist, Mobbing ist anstrengend und – das soll auch nicht verschwiegen werden – nicht ganz ungefährlich. Man könnte an einen Profi geraten, der damit spielerisch umgeht, dabei immer größer und stärker wird. Dann steht man am Schluss anstatt als Chef als der große Versager da. Handlanger werden sich abwenden.

Aber auch in der Leitungsriege könnten Änderungen eintreten und man könnte auch von dieser Seite jede Rückendeckung verlieren, mit diversen unangenehmen Konsequenzen. Eine neue Leitung könnte erkennen, dass Konflikte Zeit und somit auch Geld kosten. Dass die Stärksten oft nicht ihr ganzes Potenzial entfalten und damit dem Unternehmen dienen. So könnte sich zuletzt alles auch gegen einen selbst richten.

Dabei ist der Job an sich schon schwer. Immer diese Vorsicht, dieses alles beachten müssen, keinen Fehler machen, nichts übersehen, nie die Übersicht verlieren.

Klar, durch Siege wird man belohnt, wenn der Gegner, möglichst freiwillig, das Feld räumt und von dannen zieht. Das ist dann Bestätigung und Genugtuung. Und danach hat man auch wieder eine Weile Ruhe. Das ist immer wie ein kleiner Neubeginn. Man kann Aufgaben und Zuständigkeiten neu ordnen und verteilen. Man kann sich als Retter des ganzen Unternehmens fühlen.

Meistens gehen diese Erholungszeiten ziemlich schnell vorbei. Denn es kommen letztendlich immer wieder neue, hoch motiviert, freudestrahlend, energiestrotzend mit den besten Vorsätzen. Dann beginnt alles neu. It is a never ending Story, praktisch eine Lebensaufgabe. Das muss man wissen, wenn man sich für Mobbing entscheidet.

Man könnte es natürlich auch lassen. Man könnte Herausforderungen annehmen, an ihnen wachsen und sich entfalten. Das hieße, auf Macht zu verzichten, im Gegenzug dafür Freiheit zu gewinnen und so auch die Hände wieder frei zu haben für neue Aufgaben, für neue Interessen, für ein neues, ganz anderes Leben.

Macht auszuüben, kostet immer auch viel Kraft und permanente Anstrengung. Das kann Spuren hinterlassen und Sorgenfalten. Es kann das Herz oder auch andere Organe überfordern. Man könnte krank werden oder depressiv.

Ohne, wäre man vielleicht nicht mehr ganz so wichtig, hätte allerdings plötzlich die Moral an seiner Seite und vielleicht ganz neue Freunde, Freunde, die bleiben.

Du hast die Wahl.

Inhalt

Die Autorin

Christine Brendle, geboren in den Fünfzigerjahren in der Nähe des Bodensees. Aufgewachsen mit Schinkenröllchen, Freddy Quinn, Peter Kraus, Hawaiitoast, einem kleinen Hund, einer schwierigen Mutter, in einer wunderschönen Landschaft. Drei Kinder und sechs Enkelkinder..

Ihre größten Abenteuer:

Ein Jahr in Maine – als junge Witwe – mit ihren drei Kindern.

Eine Autofahrt durch New York – während der Rushhour in einem großen, ihr völlig fremden, vollautomatischen Schlitten.

Verlegerin zu werden.